なつかしの松江城

明治・大正・昭和の絵はがき集

今岡 弘延 編著

松江城の情景を伝える貴重な絵はがき集

安部　　登（元松江郷土館長）

　平成 27 年（2015）、松江城天守が国宝に指定されました。これを機に絵はがき集「なつかしの松江城」が発刊されることは、明治以降の松江城の姿を目で見て知る上で意義深く、貴重な史料とも言えましょう。

　松江城は、「松江開府の祖」と呼ばれる堀尾吉晴が築きました。慶長 5 年（1600）、堀尾忠氏は出雲・隠岐の大守として、父の吉晴と共に入国。月山富田城（安来市広瀬町）に入りました。慶長 8 年（1603）、幕府から移城の許可を得て城地選定に着手。忠氏が急死しましたが、吉晴は松江の亀田山を城地として、城と城下町を 5 年の歳月をかけて築き、慶長 16 年（1611）に完成させました。以後、松江城は堀尾氏、京極氏、松平氏の居城として明治維新まで続きました。

　明治 2 年（1869）の版籍奉還と同時に松江城は陸軍省の管轄となり、同 8 年（1875）に天守は民間に払い下げ、城郭の全てを取り壊すことになりました。この時、出雲郡坂田村（出雲市）の豪農勝部本右衛門と、意宇郡雑賀町（松江市）の旧藩士高城権八が 180 円を国に納め、天守は保存されることになりました。

　昭和 9 年（1934）に城地一帯は国の史跡に、翌年には国宝保存法により天守が国宝に指定されました。しかし、昭和 25 年（1950）制定の文化財保護法により重要文化財に改称されました。

　平成 19 年（2007）から始まった松江開府四百年祭を契機に、松江城を国宝にする市民運動と天守の学術調査が始まり、天守の完成時期を示す「祈祷札」が見つかるなどして、ついに平成 27 年 7 月 8 日に国宝化が実現しました。

　明治以降を見てみると、城山は一般に開放され、絵はがきからもそのにぎわいが伝わってきます。新しい施設が造られ、種々の催しが行われました。明治 36 年（1903）に竣工した松江市工芸品陳列所（後に興雲閣と命名）は、明治 40 年 5 月に皇太子嘉仁親王（後の大正天皇）の御旅館となりました。その後、明治から昭和初年にかけて興雲閣と城山一帯では、島根県子供博覧会、鉄道連絡記念物産共進会、全国菓子共進会などが開催され、松江市の産業・文化の発展に貢献しました。

　また、城山公園は春の桜見物をはじめ、四季折々の自然や催しを楽しむ憩いの場所として市民に親しまれてきました。本書に収められている絵はがきを通して、これら城山公園の情景を見ることができます。

『なつかしの松江城』発刊にあたって

「松江城国宝に指定」。こんなうれしいニュースを聞いて思いました。松江城の絵葉書は明治以来一体どのくらいの種類が発行されたのだろうか。

日本では、明治33年（1900）より民間に絵葉書発行が許可されました。絵葉書はあらゆる地域、都市、町へと広がり、多種多様なものが登場しました。当時の山陰新聞を見ると、松江でも絵葉書屋ができ、交換会、展覧会、新聞広告など盛んに行われていたことが分かります。多くの人々が新しい絵葉書を待ち望み、絵葉書屋に立ち寄ってはその出来栄えに熱狂したのです。当店（今岡ガクブチ店）の前身である「今岡善之助商店」でも好奇心旺盛な社風だったようで、松江の絵葉書製造・販売の一翼を担っていました。

小泉八雲が神々の国と称した松江は絵葉書も他都市と比べて種類が豊富です。その中でも松江城関連絵葉書は、確認できただけでも500種はあります。研究をしていると、心弾み胸躍るときがあります。それは、思いがけない昔日の世界へといざなってくれる写真類に出会った時です。例えば、時の移ろいの中で消え去ったり、激変した街並みや風景に出会うと嬉しい発見があります。

昔の松江城を1枚ずつゆっくりと見ていくといかに市民に愛され、憩いの場所であったかということが時代を超えてありありと分かります。絵葉書は時代を映す鏡であり、100年以上前から、市民の松江城に対する誇りが絵葉書を通して伝わってくる気がします。この脈々とした思いが国宝に繋がったのです。

絵葉書というタイムマシンに乗って、時空を超えた松江城の旅を、松江人の城への誇りを読み取っていただけたら幸いです。本書に紹介されている松江城絵葉書が、過去の記憶を呼び覚まし、松江の歴史と文化に誇りを持ち、関心をさらに高める一助になればうれしい限りです。

本書の発刊にあたりご協力いただきました方々、序文を賜り監修いただきました安部登先生、山陰中央新報社出版部に厚く感謝申し上げます。

平成28年2月

今岡　弘延（今岡ガクブチ店代表取締役）

明治時代の松江城

※絵はがきタイトルの前に表記してある年代は絵はがきの発行年代です。

明治30年代（明治初期の古写真使用） 松江舊藩主松平家御殿トニノ丸城山ノ遠景

（発行：不詳）

松江城の明治初期に写された古写真を使用した絵葉書。日本で民間業者に絵葉書発行が許可されたのが明治33年からなので、そのころの発行かと思われる。

明治35年　亀田山千鳥城　（発行：今岡商店）

松江城は亀田山にあり、千鳥城とも称された。明治40年以前の千鳥城の絵葉書である。前面にある蓮池(はすいけ)は見事なもので、当時の名所案内にも記述されている。

明治36年　松江工芸品陳列所　（発行：林聽天堂）

興雲閣は、明治36年9月に明治天皇を是非山陰地方にお迎えしたいとの県民の願いのもとに、工芸品陳列所の名目で建てられた。明治40年のスタンプがあるが、この写真は工芸品陳列所ができた時の絵葉書である。

明治36年 湖上ヨリ松江城ヲ望ム （発行：林聽天堂）

宍道湖上の船からの松江城である。右手に大橋沿いの旅館街、中央に松崎水亭、波止の鼻などが見られる。波止の鼻は現在埋め立てによりなくなっている。水亭を船で出て、松江城を遠望し、大橋、嫁ヶ島を見ながら芸者衆と酒を飲むのが優雅な遊びであった。

明治37年　松江城天守閣　（発行：林聽天堂）

明治37年当時の天守閣正面。右手に西南戦争記念碑、左手に灯篭。絵葉書用写真としては最も古い天守閣である。明治41年島根県観光遊覧案内には「天守閣は巍然として、緑葉翠樹を描き、松江市の一美観を添う。」とある。（明治39年9月の松江物産展覧会スタンプ入り）

明治37年　松江城大手前　（発行：林聽天堂）

松江城大手前にて赤ん坊を背負った女性。東宮のために作られたスロープはまだない。江戸時代には正面玄関である立派な大手門がこの奥に存在したが、明治初期になって天守閣以外は取り壊された。（奉祝東宮殿下御行啓記念、松江のスタンプ入り）

明治38年 北堀北岸より望む城山の雪 （発行：今岡商店）

左手に松江城を望む雪景色、樹木、舟、北堀橋。北堀町は江戸時代初期の地図にも「北堀」の地名が明記され、松江藩中級の藩士が移住する武家屋敷が配置されていた。今でも城下町松江の歴史、伝統を感じさせてくれる景観が残っている地域である。（皇太子殿下山陰道行啓記念スタンプ入り）

景遠山城堀北市江松

明治39年　松江市北堀城山遠景　（発行：森田写真館製造）

普門院は北田町の北堀川に面した一角にある天台宗の寺である。ここは堀川や城壁を見通して、松江城天守閣を望むことが出来る景勝地として知られている。松江城の鬼門にあたるといわれているが、いかにも城下町らしい風景である。森田は殿町にあり、松江最古の写真館。

明治40年5月　皇太子殿下山陰道行啓記念　（発行：今岡商店）

皇太子殿下の行啓記念絵葉書。松江城天守閣より宍道湖方面を撮影した写真。東宮御旅館、現在は建っていない西南戦争記念碑が見える。松葉をデザインした縁取りが付けてある。

明治40年5月　松江市　御座所　御食堂　（発行：片岡写真館製版）

東宮殿下行啓記念。菊紋の旗を持つ御親兵をデザイン。御座所にあった東宮殿下の御食堂の写真が配置されている。

明治40年5月　御座所入口大手前の光景　（発行：今岡商店）

明治40年5月14日、東宮殿下の歓迎アーチである大緑門が城山二の丸に完成した。緑門の前を通過して歓迎に向かう生徒たちの様子である。緑門は古文字の松をかたどり松江市の意味を表すものとした。丸窓の方は東宮殿下、後の大正天皇。

Distant View Crwn Princes Place From Office of Prefoct. 島根縣廳内より城山御座所遥拝の景

明治40年5月　島根県庁内より城山御座所遥拝の景　（発行：今岡商店）

東宮殿下行啓記念6種組の1枚。遥拝とは遠くへだたった所から拝むこと。当時御座所を拝む人の列が絶えず、3種の神器（鏡・玉・剣）スタンプ付き絵葉書が大人気であった。

明治40年5月 城山公園御座所正面の謹写　（発行：今岡商店）

東宮殿下行啓記念6種組の1枚。明治40年当時は、御座所、御旅館と呼ばれていた。1万3500円の市費が投じられ、建物の台石は中海の大根島から産出した島石を用いた。明治調の2階建て木造の洋館で、迎賓館風の建物。設計者は分からないが、松江市寺町の和泉利三郎が工事を請け負った。

明治40年5月 松江幼稚園より御座所を拝したるの景 （発行：今岡商店）

東宮殿下行啓記念6種組の1枚。当時6枚組17銭であった。幼稚園とは島根県師範学校付属幼稚園のことで、現在の島根県民会館の場所である。

明治40年5月　城内新築の御馬車道より御座所を拝す　（発行：今岡商店）

東宮殿下行啓記念6種組の1枚。この日のために新道を造り、正門を設け松江神社境内に沿って通用門も造られた。松江神社の前からの写真、遠くに御座所が見える。

VEHICTE ROAD STREET AT NINOMARU. 松江城二の丸口新築御馬車道の景

明治40年5月　松江城二の丸口新築御馬車道の景　（発行：今岡商店）

東宮の行列は4騎の近衛騎兵を先頭に、お召し馬車はじめ4台の馬車、これに東郷大将はじめお供や地元高官の人力車が延々と続いた。合計37頭の馬で、全長1キロメートルにも及び、沿道には20万人の人々—と当時の新聞にある。宿舎である二の丸、御座所に馬車が上がるようにするために、正面石段を埋めて大手前よりスロープが造られた。

明治40年5月　城山公園御座所の景
（発行：今岡商店）

明治40年5月22日、東宮殿下（後の大正天皇）が松江に行啓。その際、宿舎の御座所に東宮をお迎えする国旗が正面に飾られているので、準備の写真かと推察できる。昭和44年（1969）には松江市内にある数少ない明治建築の一つとして島根県指定有形文化財に指定された。

明治40年5月 御座所前の光景

（硝子乾板拡大：今岡商店）

明治40年の硝子乾板写真。東宮殿下をお迎えする国旗を掲げた御座所。

明治40年9月 城山公園の桜花 （発行：今岡商店）

明治40年9月、島根県師範学校を会場に愛国婦人会島根支部総会が開かれた。松江に来られた愛国婦人会総裁「閑院宮妃殿下」記念スタンプ入り。城山二の丸の桜並木が美しい。

明治40年　天守閣より松江市全景　其一　（硝子乾板：今岡商店）

松江城天守閣からのパノラマ撮影7枚組。当時松江市をすべて見渡すのは天守閣からが最適であった。重たい写真機材を天守まで運んでの撮影は苦労したとの話が伝えられている。宍道湖北岸、天倫寺鼻の方角。

明治40年　天守閣より松江市全景　其二　（硝子乾板：今岡商店）

正面に興雲閣、明治12年に建てられた県庁、商業学校、警察署など。片原町・苧町方面である。宍道湖に嫁ケ島が見える。

明治40年　天守閣より松江市全景　其三　（硝子乾板：今岡商店）

右下側に蓮池、その北に須衛都久(すえつぐ)神社。殿町、末次本町方面である。
宍道湖の南側は、大橋を挟み、灘町、籠の鼻、白潟本町、八軒屋町。
左上寺町の方面はお寺の屋根瓦が並んでいるのが見事である。

明治40年 天守閣より松江市全景 其四 （硝子乾板：今岡商店）

右下に師範学校付属小学校。母衣町方面である。高等女学校、松江地方裁判所、憲兵分隊などの建物が見える。大橋川は中州、剣先のあたり。御手船場に帆船のマストが多数ある。鉄道はまだ敷設されておらず、松江停車場はない。

明治40年　天守閣より松江市全景　其五　（硝子乾板：今岡商店）

大橋川をはさんで、馬潟港方面、大山が見える。川津村、朝酌の遠望。

明治40年　天守閣より松江市全景　其六　（硝子乾板：今岡商店）

右下に、かすかに北堀橋が見え、北田川方面。嵩山が見える。

明治40年　天守閣より松江市全景　其七（硝子乾板：今岡商店）

石橋、奥谷方面。「一たび、登臨して、五層摟上に逍遥せんか、白扇倒（さかさま）に懸れる大山の霊峰は、雲際に聳（そび）えて、白帆（はくはん）飛び、漁艇（ぎょてい）眠れる、宍道湖の景勝は、収めて双眸（そうぼう）の裡（うち）にあり」。当時の案内ではこのように天守閣からの眺望を表している。

明治40年　天主閣ト紀念碑

（発行：今岡商店）

天守閣の真下の西南戦争記念碑。羽織袴の正装の女子と松江中学の学生らしき数人が写されているところを見ると、東宮殿下行啓祭典の準備かと推察される。当時は鉄柵により囲まれていた。

明治40年　松江舊城　（発行：不詳）

舊城（きゅうじょう）とは旧城の旧字体である。舊城との表示がある絵葉書は現在この1枚のみである。「舊城」とは取り壊しをしなかった時代に撮影をしたという意味が大きい。明治8年広島鎮台は、松江城諸建造物と三の丸御殿を民間に払い下げることとし、天守閣以外ことごとく取り壊された。取り壊し前の写真であれば、明治初期の松江城である。当時写真は高価で貴重なものであり、古い時代の写真を利用して絵葉書を作るのは普通であった。

明治40年　床几山より松江城　（硝子乾板拡大写真：今岡商店）

床几山は松江開府に当たって、堀尾吉晴公がこの山の上で床几に腰をおろして、松江城建設の場所や松江の町の構想を練ったことからこの名前が付けられたと言われている。天神さんの森、雑賀町の屋根瓦、天神遊園などが一望できる。

明治40年 東宮殿下山陰行啓記念 （発行：林聰天堂）

松江城・菊のイラストデザイン、御座所、東宮殿下。裏には勾玉をデザインした奉祝スタンプ。林聰天堂は白潟本町にあり、明治40年前後に絵葉書を制作しているが、その後はほとんど出てこない。

明治40年 松江千鳥城 （発行：今岡商店）

千鳥のデザインに千鳥城の写真を当てはめている。松江城は千鳥が羽根を広げたように見える入母屋破風の屋根が見事なことから、別名「千鳥城」とも呼ばれる。これ以降、大正・昭和前期の時代、千鳥をデザインしたマーク、スタンプなどは絵葉書や冊子に、数々登場してくる。

CHIDORI CASTLE, MATSUE. 出雲松江千鳥城

明治40年　出雲松江千鳥城

（発行：今岡商店）

天守閣入り口前からの写真。入り口と望楼（5階）に人の姿が見て取れる。入母屋破風、下見板張り、鬼瓦、華頭窓、附櫓など松江城の特徴が一目でわかる。明治22年、当時の島根県知事、籠手田安定によって「松江城天守閣景観維持会」が組織され、市民に大事に保存されてきた様子がよくわかる。

明治41年　地方裁判所前より城山公園の桜花を望む　（発行：今岡商店）

明治の大手前通り。地方裁判所は明治23年より母衣町にあった。現在の裁判所とほぼ同じ位置である。道路を挟んで南側に高等女学校、西側に憲兵分隊などがあった。右手奥に松江城が見える。

明治42年4月 新築島根県庁と城山の景 （発行：今岡商店）

明治42年に城山三の丸の藩庁舎跡に新築された島根県庁である。昭和20年の焼き討ちにあうまで使われた。ローマ風の堂々たる威容の優美な県庁、石垣と堀の風情、松江城の対比が素晴らしい。

THE VIEW IN SHIRO MT. PROM NAKAHASHI MATSUE. 　中橋ヨリ城山ヲ望ム景　（松江名所）

明治42年　中橋ヨリ城山ヲ望ム景　（発行：今岡商店）

遠くに松江城。中橋は現在の松江市役所から武道館に行く間にある橋である。手前の洋館風建物が警察署、真中あたりの建物は明治42年4月に新築された島根県庁舎。左側に少し映っている建物が監獄署である。

明治42年　松江警察署からの松江城　（硝子乾板拡大写真：今岡商店）

明治13年に建てられた松江警察署の初代庁舎。庁舎竣工から10年後に、小泉八雲（ラフカディオ・ハーン）が松江にやってくる。島根県尋常中学校も近くだったので、ハーンもこの警察署の庁舎を見ていたことになる。後にこの建物が移築され旧雑賀幼稚園舎になった。

明治42年　松江亀田山千鳥城雪　（発行：大野絵葉書店）

この時代は今より雪が多く、趣ある雪景色の絵葉書が多数発行されている。左手の大木、城、雪の配置が素晴らしく、水墨画のような趣がある。

明治43年5月　松江市開府三百年紀念祭二丸前電燈の装飾　（発行：今岡商店）

明治28年10月1日城山椿谷に松江電燈株式会社の発電所が建設され、市内で始めて250燈の明かりが灯った。明治41年当時、この会社は南田町にあり、市内へ電気を供給していた。この写真は明治43年、300年祭での松江電燈会社のPR用の電燈装飾。城山入り口の鳥居の形をした緑門に丸い大きな三重の電燈ネオンが掛けられている。

明治43年5月　城山公園の桜花　其三　（発行：今岡商店）

興雲閣前の光景。桜、茶店、桜餅の看板、羽織袴を着た松江中学の学生たち。当時の学生たちの意気盛んな様子が見て取れる。島根県遊覧案内には「松江中学は城山近くの赤山の上にあり、地位高燥、眺望開豁(かいかつ)にして、市内第一の校地なり」とある。

明治43年　城山公園　其三　（発行：今岡商店）

開府300年記念のスタンプ。右に天守閣。本丸の様子である。この期間、天守閣、興雲閣に松平・堀尾家の貴重品展示会、演武、花角力、城山公園内は1200燭のアーク燈を建て、露店見世物が並んだそうである。市内各所でも旧藩士による甲冑行列、芸子連、二輪加などで大賑わいしたと新聞にある。

明治43年 城山興雲閣 （発行：今岡商店）

興雲閣側面からの撮影。これ以後、興雲閣は松江における博覧会・展覧会の会場として広く利用されることとなる。

明治44年5月　島根県小供博覧会本館　（発行：奥村）

本館になった興雲閣前。装飾が施され、赤ちゃんをおんぶした子供などで多くの行列ができ、にぎわいを見せている。興雲閣には児童・生徒の美術工芸作品展、学校児童用具などが展示された。

明治44年5月　島根県子供博覧会本丸運動場　（発行：今岡商店）

明治44年5月16日〜29日に城山で開催された子供博覧会絵葉書の1種。右手に天守閣の石垣。天守閣の下で回転木馬のようなものを楽しむ市民、時計台、男児遊技場の看板が見える。「場内は人を以て埋まり、立錐の余地なき有様」と新聞にはある。約10万人の来場者と発表されている。

明治44年5月　島根県子供博覧会本丸運動場

（発行：今岡商店）

城山本丸に設置された「桃太郎」。全県あげての子供に関する展示会は初めてのことである。まさに城山が子供の一大テーマパークになった。当時、日本少年・少女世界・幼年の友などの雑誌が刊行され、少年冒険小説が一大ブームであった。

明治44年5月　島根県子供博覧会場正門　（発行：今岡商店）

日本一の幟、犬・猿を従えた「桃太郎」がアーチの上に。手前に噴水、奥にそびえる松江城。明治44年の子供博覧会の正門である。城山入り口には「高さ5間の大アーチ、頂上には5尺の桃太郎鬼が島、傍らには犬と猿」と当時の新聞にはある。その他、大噴水・動物園・水族館・音楽堂・遊園地・玩具陳列などが催された。

(松江今岡發行)　BUTOKUDEN MATSUE.　二の丸武徳殿　(松江名所)

明治44年　二の丸武徳殿　(発行：今岡商店)

明治28年に設立された大日本武徳会の武術・武道の本部及び全国各地の道場が武徳殿と称された。松江市では、大日本武徳会の島根支部演武場として千鳥城二の丸内に、明治44年に建てられた。日本伝統の武道を奨励した当時の建築だけに、現存していれば文化財として価値が高かったであろう。各地の現存する武徳殿は重要文化財とされたものが多い。

明治44年 城山公園興雲閣 (発行：今岡商店)

明治42年に松平直亮伯によって「興雲閣」と命名された。それまでは東宮御旅館と呼ばれていた。従って興雲閣と記してある絵葉書はその年以降になる。

明治45年5月　鉄道連絡記念物産共進会　（発行：今岡商店）

城山二の丸に、5か月をかけて建設された壮大なるルネッサンス式陳列本館。後ろに松江城が見える。「地方物産をあまねく県外に紹介し、且つ益々その進歩発展を促さん」とした意気込みであった。

明治45年5月　松江物産共進会正門　（発行：今岡商店）

明治45年3月1日に京都—出雲今市間鉄道が全通した。こうした背景もあり、明治45年5月20日から6月8日まで鉄道開通を記念して産業振興のため、鉄道連絡記念物産共進会が松江城大手前を中心に開催された。興雲閣に上がるスロープ前に巨大な門が制作された。

（松江名所）松江城山公園ノ景

明治45年 松江城山公園ノ景　（発行：今岡商店）

鉄道連絡記念物産共進会の時の興雲閣前である。松江市民の悲願であった鉄道開通を機会として多くの観光客、物産販売を期待していた時代である。45年当時、「続々と山陰遊覧団」と題し東京、関西より観光団体が来たという記事が新聞に載っている。

明治後期　松江城　（硝子乾板拡大写真：今岡商店）

明治後期の硝子乾板写真。硝子乾板は写真で用いられた感光材料の一種で、光に感光する銀塩の乳剤を無色透明のガラス板に塗布したものである。硝子乾板は100年以上の保存が可能である。

明治後期　千鳥城の遠望

（発行：今岡商店）

明治41年の島根県遊覧案内に「老松鬱々として、300年の面影を留め、城濠の水は、ゆるく流れて苔に埋まる石垣は三方をめぐり、天守閣は巍然として、緑葉翠樹を描き、松江市の一美観を添う。」とある。

明治後期　千鳥城と六十三連隊　（硝子乾板：今岡商店）

千鳥城を背景に、松江に赴任した連隊の軍人、新地遊郭の芸者らしき人物、写真機材と写真家風の男性が写されている。おそらく名所の松江城を見学に来た光景であろう。こうした絵葉書が発売されたところを見ると、六十三連隊がいかに松江市民にとって歓迎されていたかがわかる。

明治後期 城山二ノ丸口の景 （発行：今岡商店）

松江城大手前二の丸口の絵葉書である。大手とは表側、正面の意味。亀田山の大手は南側である。御座所に馬車が上がるために石段を埋めて大手前よりスロープが作られた様子がよく分かる。

Cherry blossoms of Ninomaru park　二の丸公園の櫻花

明治後期　二の丸公園の桜花　（発行：今岡商店）

明治末頃、二の丸の場所で「桜の馬場」と呼ばれた時代である。明治以降、桜の名所となった。「花の朝、月の夕べ、杖を曳くの客、常に絶えることなし」と観光案内にある。

明治後期 城山公園の桜花 其二 （発行：今岡商店）

興雲閣前からの撮影。市民が集う桜の名所ということで当時相当の種類の「城山桜花絵葉書」が作られている。

CHERRY-FIOWERS AT SHIROYAMA PARK MATSUE. （其四）　城山公園の櫻花　（松江名所）

明治後期　城山公園の桜花　其四　（発行：今岡商店）

本丸で花見を楽しむ松江中学の学生や家族たち。「桜樹幾百株、梅、桃これに交じりて春風の候に至れば彩雲梢を蔽い香風袖を掠める」と当時の観光案内にある。

(太田寫眞舘發行)　　　　　　　　（其一）松江城山公園

明治後期　松江城山公園　其一　（発行：太田写真館）

三度笠の3人と松江城。松江城開府300年祭の頃であり祭りの衣装であろうか。この二の丸の角度からの写真はよく絵葉書で使用されている。現在より桜の木も低く、天守閣が良く見える時代である。

Monument of Shiroyama park　城山公園の記念碑

明治後期　城山公園の記念碑　（発行：園山清商店）

かつて松江城の袂に在った記念碑である。高い塔の名称は「西南之役雲石隠戦死者記念碑」。明治21年5月5日に城山にて執行された招魂祭で建碑式典が行われた。真ん中の丸い石碑は「西南戦争義損者石碑」である。

明治後期　城山公園紀念碑前芝生之景　（発行：今岡商店）

記念碑は西南戦争に従軍した島根県の114人の戦死者の霊を祀ったもので、明治21年当時の知事、籠手田安定が県民有志に呼びかけ、浄財を募り建立したものである。犬を連れた家族から城山公園は市民憩いの場所であった様子が見て取れる。

明治後期　城山公園松江神社　（発行：今岡商店）

明治41年島根県遊覧案内に「東宮御旅館の右側にあり。松江藩主松平直政を祀る県社にして、もと川津村楽山にありしが、明治31年ここに移遷せり。直政の遺勲を千載に伝えたり。」とある。

※松江市誌によると、松江神社は、明治32年10月に楽山神社を遷して建立したとされている。

36（錦織絵葉書発行）　水ノ松江　(松江名所)

明治後期　水ノ松江　（発行：錦織絵葉書店）

宍道湖上の船からの撮影。左端に松江城の遠望。鉄道が開通したとはいえ、まだ物資輸送は海上の帆船にて運ぶことが多い時代である。正面の建物は皆美館、赤木館、岩田本店、ときわ館、臨水亭あたりの旅館街である。

大橋川ヨリ城山ヲ望ム

明治後期　大橋川ヨリ城山ヲ望ム　（発行：京店金山紀念堂）

大橋川、劔﨑(けんざき)あたりからの遠望だろうか。松江城が真ん中遠くに写されている。2隻の帆船。明治時代の荷物輸送は回船問屋が主役だった。多くの船が、敦賀・馬関・舞鶴航路などより、境港を通り松江港に入ってきた。大橋川沿いには、白壁倉庫・問屋・旅館などが軒を並べ建ち並んでいた。

明治後期　御手船場ヨリ城山ノ遠景　（発行：今岡商店）

松江の大橋に臨んだところは御手船場（おてせんば）と呼ばれ、松江藩の御召し船などを造っていた。真ん中上に松江城、左側は松江港、御手船場でマストを掲げた帆船が多数停泊している。明治時代には、木造船・貨物船・客船・底引網漁船などを造る造船所もこの周辺に出来て、造船業が盛んになった。

城鳥千橋大江松　（所名江松）

明治後期　松江大橋千鳥城　（発行：今岡商店）

第15代松江大橋、右上に千鳥城。御宿朝日館、御宿赤木館、電信局、うなぎ料理、原田の時計台、三木表呉座商店、大橋館の看板が見える。大橋川には小型蒸気船が停泊。三木表呉座商店は畳店であり、この界隈はこの業種が多かった。

明治後期 雪中の塩見縄手 （発行：今岡商店）

塩見縄手からの雪の堀川である。左側が城山で、いかにも松江の風情が感じられる景色であり、たくさんの文豪・文人が称賛したのもうなずける。小泉八雲はこの景色を毎日見ながら、古き良き日本を感じて創作をしたのであろうか。当時の絵葉書には「雪中の・・・」というタイトルのものが多い。

明治後期　松江城大手前の雪　（発行：今岡商店）

松江城大手前、雪の絵葉書である。右に天守閣、左が興雲閣である。スロープがあるので、明治40年以降というのが分かる。

明治後期　幼稚園より城山を望む雪景　（発行：今岡商店）

島根県師範学校付属幼稚園は明治18年開校。島根県で最初の幼稚園である。現在の県民会館あたりからの風景。左が千鳥橋、二松亭、興雲閣などが雪景色に浮かぶ。

明治後期　普門院より城山を望む雪中の景　（硝子乾板：今岡商店）

普門院には創建時からの美しい庭園に続いて、名席観月庵がある。北堀橋、雪の城、灯篭、老松、堀川、まさに一幅の水墨画の世界である。また、普門院の怪談はあまりに有名であり小泉八雲が「知られざる日本の面影」の中で紹介している。

大正時代の松江城

大正初期　松江城天守閣　（発行：今岡商店）

天守閣入り口に小さな小屋が見て取れる。右手に記念碑。現在の天守閣前の景観とはかなり違っている。

大正初期　松江千鳥城　（発行：錦織絵葉書店）

夕闇迫る時刻の松江城の光景。松江城絵葉書の中では珍しい写真である。この松江名勝シリーズは夕闇の松江名所を題材に6種発売されている。

MATSUE CASTLE, IZUMO.　　　　　　　　　（日本古城集ノ内）雲州松江城

大正初期　日本古城集　雲州松江城　（発行：不詳）

大正期に全国で発売された日本古城集、絵葉書セットの１枚。全部で何種販売されたのかは不明である。この時代より全国の名所、観光絵葉書のセットものが普及し始めた。絵葉書は収集アイテムとなり、絵葉書展示会、交換会なども松江図書館にて開催されている。

大正初期　千鳥遊園ノ遠望　（発行：錦織絵葉書店）

右上に松江城、左上が興雲閣。島根師範学校付属小学校、市役所あたりの建物を写している。殿町、憲兵分隊あたりからの撮影と思われる。

大正初期　城山公園の雪　（発行：今岡商店）

二の丸からの雪景色。当時の松江城を望む雪景色・樹木はまさに水墨画の景色のようで、松江らしさを感じさせる絵葉書である。

大正初期　松江千鳥城遊園雪　（発行：大野絵葉書店）

千鳥城、松江城山公園遊覧記念スタンプ入り。雪の中に滑車の遊具が写されている。当時も今も城山は庶民にとって憩いの場、子供のとっても格好の遊び場であったと思われる。

大正初期　松江公園　二松亭　（発行：文明堂）

「城山名物 本家 桜餅」の看板。城山二の丸にあった茶店である。「二松亭、友松庵等の茶亭には桜餅の名物あり、香味賞するに足る」と明治後期の観光案内にある。城山整備のため、現在は撤去されている。

大正4年 古城の名残 其十 松江城 （発行：不詳）

全国の古城を集めた絵葉書集の1枚。「起源詳ならずと雖も慶長十二年堀尾吉晴この地勝を相して築城す」と書いてある。天守閣前に当時としては珍しい洋装の着飾った女の子が3人。雲州（うんしゅう）とは出雲国（いずものくに）の異称。

大正6年　松江千鳥城　（発行：今岡商店）

左に灯篭、右は西南戦争記念碑。直政公銅像建設地の大きな木札が建っている。大正6年当時の絵葉書にはすでに「直政公銅像建設地」の看板が写っているので、かなり前から計画していたようである。銅像が完成するのは昭和2年である。

大正7年6月 北堀橋開通記念　（発行：大野絵葉書店）

北堀橋の開通記念2枚組みの1枚である。宝暦年代（1751－1764年）の城下町に橋が40あったようで、その中のひとつである。橋の長さ16間4尺、幅2間と記録にある。松江城と武家屋敷を結ぶ重要な橋であった。

大正10年　宍道湖より千鳥城を望む　（発行：松江市城山清心亭）

宍道湖上からの千鳥城。右に見えるのは須衛都久（すえつぐ）神社の灯篭、須衛都久の森。まだ湖岸に道路などの埋め立てはなく、神社は宍道湖に面している。現在ではかなり埋め立てられ、風景も変化しているが市役所近辺である。山陰道観光記念のスタンプ。

Chidori castle Matsuye　千鳥城天主閣　（松江名所）

大正15年　千鳥城天守閣　（発行：今岡商店）

千鳥城遊覧記念スタンプが表面に押してある。天守閣前で遊ぶ子供たち。この時代の天守閣前には入り口前に小屋が写されている。

Shiroyama park Matsue　（松江名所）城山公園天主閣前の櫻

大正後期　城山公園天守閣前の桜　（発行：今岡商店）

直政公銅像建設地の大きな木札。映されている学生達は服装からして大正11年に開校した松江高等学校の生徒であろう。当時旧制松江高校の生徒達は町中を歌いながら闊歩したといわれ、絵葉書にも度々登場する。

大正後期 城山公園の桜花 （発行：今岡商店）

二の丸の場所で「桜の馬場」と呼ばれた時代である。明治以降、桜の名所となった。絵を描く青年は絣の着物に下駄履きで、いかにも明治・大正時代の風俗をかもし出している。

大正後期　千鳥城天守閣　(発行：今岡商店)

桜に囲まれた天守閣。大きな灯篭が正面に見える。千鳥が羽根を広げたように見える入母屋破風の屋根が見事なことから、別名「千鳥城」とも呼ばれた。

大正後期 千鳥遊園より見たる島根県庁の桜 （発行：今岡商店）

千鳥遊園からの景色もまた松江を一望できる観光名所であった。千鳥橋、桜並木、県庁側面と見事なコントラストである。

MATSUE CASTLE, IZUMO.　出雲松江城

大正7年〜昭和7年　出雲松江城
（発行：光村出版部）

光村印刷株式会社の創業者である光村利藻は、写真集や美術書作りにのめり込み、明治34年「関西写真製版印刷合資会社」を設立する。大正7年東京・神田神保町にて光村印刷所を開業。全国各地の絵葉書を多数制作している。現在は東証一部上場企業。天守閣全面が芝生なのだろうか、きれいに整備されている。

出雲名所　松江千鳥城

大正後期　出雲名所　松江千鳥城

（発行：不詳）

出雲名所シリーズの1枚。城の右側面からの撮影である。松江城絵葉書は多数あるがこの角度での写真は珍しい。四重五階の望楼式複合天守閣で天正初期の古い建築様式が良く分かる。

大正7年～昭和7年 城山公園と市街 （発行：今岡商店）

松江城を中心とした航空写真の絵葉書である。戦前の航空写真の絵葉書は飛行機そのものが珍しい時代なので当然だが、数えるほどである。
昔の城山周辺の様子がよく分かる。空から見た風景絵葉書は当時の人も驚いたであろう。松江に初めて飛行機が来たのは、大正4年の夏。井上武三郎陸軍中尉の操縦する国産複葉機が古志原練兵場にて演技飛行を見せた。

(今岡商店發行) FAMOUS PLACE OF MATSUE　亀田山千鳥城　(松江名所)

大正後期　亀田山千鳥城　（発行：今岡商店）

三の丸蓮池は明治41年の島根県遊覧案内によると以下のように記述してある。「城山公園の直下、三の丸付近の城濠は一面の蓮池にして、夏季に至れば紅蓮（ぐれん）、白蓮（びゃくれん）、蕾（つぼみ）を破りて清露珠を転ばし、暗香袂（あんこうたもと）を襲いて、清興いふべくもあらず。」

一文字屋本店三階より千鳥城を望む　　（松江）

大正後期　一文字家本店三階より千鳥城を望む　（発行：不詳）

一文字家は殿町にあった旅館で「閑静清潔、客室多，官衙用便利」と当時の旅館案内にある。県庁も近く、松江城を望むには絶好の位置にあった。明治40年の東宮殿下行啓では日本海海戦の英雄、東郷平八郎がここに宿泊した。

大正後期 千鳥遊園より市街を望む （発行：今岡商店）

県庁前の濠、遠くに宍道湖、天神遊園、籠の鼻が見える。真ん中の建物は島根県農工銀行、大正11年からは日本勧業銀行松江支店になる。

THE CHIDORI CASTLE AT MATSUE　千鳥城天守閣　（松江名勝）

大正後期　千鳥城天守閣（発行：今岡商店）

カラー写真に見えるが、そうではない。この時代にカラー写真はなく、白黒写真に水彩絵具で職人が色付けしたもの。色に何か違和感があるのはそのためである。明治、大正時代はこうした手彩色絵葉書が人気だった。カラー写真の絵葉書が出るのは昭和10年代以降である。

昭和時代の松江城

昭和2年10月　松平直政公ノ銅像ト松江千鳥城天守閣　(発行：今岡商店)

松平家は直政に始まり、明治4年廃藩置県にいたるまで、10代に渡り234年間藩主を務めた。昭和2年松江松平家初代藩主直政公の銅像が天守閣の袂に建立された。これは、直政公銅像建立記念の絵葉書である。

昭和2年10月　松平直政公銅像建設記念　（発行：今岡商店）

松江月照寺内松平直政公の墓と県社松江神社（祭神松平直政公）。徳川家の葵の紋章スタンプに除幕式の文字。

城山 藩祖松平直政公銅像　（松江名勝）

昭和初期　城山 藩祖松平直政公銅像
（発行：今岡商店）

大坂冬の陣で真田幸村の陣に馬を躍らせる弱冠14歳の直政初陣の様子といわれる。安来市出身の米原雲海・弟子の石本暁海の作。惜しくも、昭和18年戦時中の金属供出により撤去された。60数年を経て、平成21年、県庁前に市民の熱意により当時の銅像が復元された。

昭和3年 千鳥城と藩祖松平直政公銅像 （発行：今岡商店）

桜の花びらの中に「花は城山、紅葉は春日、月は愛宕に、津田の雪」の文字。春日は春日神社（田原神社）、愛宕は愛宕神社（阿羅波比神社の境外社）。

千鳥城天守閣　（松江名所）

昭和初期　千鳥城天守閣　（発行：今岡商店）

松江名所シリーズ16種の1枚。本丸で散策するほとんどの人が着物姿である。日傘の人がいるが、この頃までの絵葉書には日傘がよく出てくる。

城　山　公　園　　（松江名所）

昭和3年　城山公園　（発行：今岡商店）

大正15年松江市発行の「松江市全図」には、「千鳥遊園」と記されている。昭和2年に松平家から城山一帯が市に寄付された後、「千鳥遊園」は「城山公園」として整備された。その「城山公園」の設計を依嘱されたのは、林学博士の本多静六であった。

(其の一) 櫂傳馬　松江城山稲荷神社神幸式

昭和4年5月　松江城山稲荷神社神幸式　櫂伝馬　（発行：今岡商店）

松江城山稲荷神社のお神輿を阿太加夜神社（松江市東出雲町）に迎えて祈願する式年神幸祭。五穀豊穣を祈願する。慶安元年（1648年）より始まり12年に一度開かれる。現在は大橋川中心だが、当時は堀川・京橋川近辺にて行われていた。絵葉書は城山、北堀近辺での祭りの様子である。

(昭和五年四月) 全國菓子共進會 第一會場

昭和5年4月　全国菓子共進会第一会場　（発行：今岡商店）

全国菓子業組合聯合会山陰支部設立記念として全国菓子共進会が興雲閣を中心に開催された。主催は松江市菓子商組合。当時博覧会といえば、城山が中心であった。

昭和8年 観光松江シリーズ

（発行：今岡商店）

昭和8年7月に開設された松江—城崎間の定期航空路、水上飛行機との絵葉書セットになっている。関西方面に観光松江をPRする目的と推察できる。松江城、桜を背景に芸者さんがいかにも優美である。

昭和10年　水郷松江シリーズ　桜花陽に映え
（発行：今岡商店）

「真空に厳然とそびえ立つ国宝松江城、現在松江の持つ誇りの一つである。」の表示がある。国宝に指定されたのが昭和10年5月13日。それ以降の絵葉書には国宝松江城としたものが多い。

昭和10年　水郷松江、城山公園夜桜

（発行：今岡商店）

「夜空に映えてそびえ立つ国宝松江城。城をめぐって夜桜が馥郁(ふくいく)と・・・」との文字。行灯で照らし出された松江城。この頃から市民の間にも夜桜見物が盛んになったようである。

昭和13年 神国大博覧会鳥瞰図 （発行：松江市）

松江市での神国大博覧会は昭和13年（1938）4月5日〜5月29日まで城山公園を第一会場として開催予定だった。主催は松江市で、全国に松江市を紹介する企画だった。残念なことに昭和12年の日中戦争により、昭和15年に延期され、戦局の拡大と共に遂には中止になり、幻の博覧会となったのである。

松江城竣工記念　　天主閣

昭和30年4月　松江城竣工記念　（発行：今岡商店・松江観光協会）

松江城天守は腐朽や破損、天守台が沈むなど痛みがひどかったため、昭和25年から30年にかけて大々的な解体修理が行われた。昭和の大修理といわれ、総工費5,357万円。竣工記念絵葉書4枚組の1枚。

▷松江城◁　慶長十六年（1611　堀尾吉晴氏の築城であって　本丸にそびゆる五層の天守閣は高さ26米余。千鳥城ともいう。現在の天守閣は一度解体されて昭和三十年四月復元されたものである

▽出雲の旅△

昭和30年代後半　出雲の旅　松江城　（発行：今岡商店）

出雲の旅シリーズ8枚組絵葉書。天守閣は一度解体されて、昭和30年4月に復元されたとの記述あり。この時代以降は庶民の間にも徐々にカメラが普及し始めて、絵葉書は衰退の時代を迎える。

〈掲載絵はがきリスト〉

明治時代の松江城

年代	タイトル	頁
明治30年代	松江舊藩主松平家御殿ト二ノ丸城山ノ遠景	6
明治35年	亀田山千鳥城	7
明治36年	松江工芸品陳列所	8
明治36年	湖上ヨリ松江城ヲ望ム	9
明治37年	松江城天守閣	10
明治37年	松江城大手前	11
明治38年	北堀北岸より望む城山の雪	12
明治39年	松江市北堀城山遠景	13
明治40年5月	皇太子殿下山陰道行啓記念	14
明治40年5月	松江市　御座所　御食堂	15
明治40年5月	御座所入口大手前の光景	16
明治40年5月	島根県庁内より城山御座所遥拝の景	17
明治40年5月	城山公園御座所正面の謹写	18
明治40年5月	松江幼稚園より御座所を拝したるの景	19
明治40年5月	城内新築の御馬車道より御座所を拝す	20
明治40年5月	松江城二の丸口新築御馬車道の景	21
明治40年5月	城山公園御座所の景	22
明治40年5月	御座所前の光景	23
明治40年9月	城山公園の桜花	24
明治40年	天守閣より松江市全景　其一	25
明治40年	天守閣より松江市全景　其二	26
明治40年	天守閣より松江市全景　其三	27
明治40年	天守閣より松江市全景　其四	28
明治40年	天守閣より松江市全景　其五	29
明治40年	天守閣より松江市全景　其六	30
明治40年	天守閣より松江市全景　其七	31
明治40年	天主閣ト紀念碑	32
明治40年	松江舊城	33
明治40年	床几山より松江城	34
明治40年	東宮殿下山陰行啓記念	35
明治40年	松江千鳥城	36
明治40年	出雲松江千鳥城	37
明治41年	地方裁判所前より城山公園の桜花を望む	38
明治42年4月	新築島根県庁と城山の景	39
明治42年	中橋ヨリ城山ヲ望ム景	40
明治42年	松江警察署からの松江城	41
明治42年	松江亀田山千鳥城雪	42
明治43年5月	松江市開府三百年紀念祭二丸前電燈の装飾	43
明治43年5月	城山公園の桜花　其三	44
明治43年	城山公園　其三	45
明治43年	城山興雲閣	46
明治44年5月	島根小供博覧会本館	47
明治44年5月	島根県子供博覧会本丸運動場	48
明治44年5月	島根県子供博覧会本丸運動場	49
明治44年5月	島根県子供博覧会場正門	50
明治44年	二の丸武徳殿	51
明治44年	城山公園興雲閣	52
明治45年5月	鉄道連絡記念物産共進会	53
明治45年5月	松江物産共進会正門	54
明治45年	松江城山公園ノ景	55
明治後期	松江城	56
明治後期	千鳥城の遠望	57
明治後期	千鳥城と六十三連隊	58
明治後期	城山二ノ丸口の景	59
明治後期	二の丸公園の桜花	60
明治後期	城山公園の桜花　其二	61
明治後期	城山公園の桜花　其四	62
明治後期	松江城山公園　其一	63
明治後期	城山公園の記念碑	64
明治後期	城山公園紀念碑前芝生之景	65
明治後期	城山公園松江神社	66

明治後期	水ノ松江	67
明治後期	大橋川ヨリ城山ヲ望ム	68
明治後期	御手船場ヨリ城山ノ遠景	69
明治後期	松江大橋千鳥城	70
明治後期	雪中の塩見縄手	71
明治後期	松江城大手前の雪	72
明治後期	幼稚園より城山を望む雪景	73
明治後期	普門院より城山を望む雪中の景	74

大正時代の松江城

大正初期	松江城天守閣	76
大正初期	松江千鳥城	77
大正初期	日本古城集　雲州松江城	78
大正初期	千鳥遊園ノ遠望	79
大正初期	城山公園の雪	80
大正初期	松江千鳥城遊園雪	81
大正初期	松江公園　二松亭	82
大正4年	古城の名残　其十　松江城	83
大正6年	松江千鳥城	84
大正7年6月	北堀橋開通記念	85
大正10年	宍道湖より千鳥城を望む	86
大正15年	千鳥城天守閣	87
大正後期	城山公園天守閣前の桜	88
大正後期	城山公園の桜花	89
大正後期	千鳥城天守閣	90
大正後期	千鳥遊園より見たる島根県庁の桜	91
大正7年〜昭和7年	出雲松江城	92
大正後期	出雲名所　松江千鳥城	93
大正7年〜昭和7年	城山公園と市街	94
大正後期	亀田山千鳥城	95
大正後期	一文字家本店三階より千鳥城を望む	96
大正後期	千鳥遊園より市街を望む	97
大正後期	千鳥城天守閣	98

昭和時代の松江城

昭和2年10月	松平直政公ノ銅像ト松江千鳥城天守閣	100
昭和2年10月	松平直政公銅像建設記念	101
昭和初期	城山　藩祖松平直政公銅像	102
昭和3年	千鳥城と藩祖松平直政公銅像	103
昭和初期	千鳥城天守閣	104
昭和3年	城山公園	105
昭和4年5月	松江城山稲荷神社神幸式　櫂伝馬	106
昭和5年4月	全国菓子共進会第一会場	107
昭和8年	観光松江シリーズ	108
昭和10年	水郷松江シリーズ　桜花陽に映え	109
昭和10年	水郷松江、城山公園夜桜	110
昭和13年	神国大博覧会鳥瞰図	111
昭和30年4月	松江城竣工記念	112
昭和30年代後半	出雲の旅　松江城	113

【参考文献】

島根縣案内記（島根縣出品協会、明治36年）

島根県遊覧案内（奥原福市著、明治41年）

神国出雲案内（愛隣社出版、大正13年）

島根の観光レジャー史（有馬誉夫著、平成23年）

松江市誌（松江市、昭和16年）

◇編著者プロフィール

今岡　弘延（いまおか　ひろのぶ）

昭和29年（1954）松江市天神町生まれ
立教大学社会学部卒業
㈲今岡ガクブチ店代表取締役
日本絵葉書会会員
著書　なつかしの松江（平成24年）
　　　神国松江鳥瞰図復刻版（平成26年）

なつかしの松江城　明治・大正・昭和の絵はがき集

平成28年（2016）2月5日　初版発行

編 著 者	今岡　弘延
監 修 者	安部　登
発 行 者	松尾　倫男
発 行 所	山陰中央新報社
	〒690－8668　松江市殿町383番地
	電話 0852－32－3420（出版部）
印 刷 所	㈱報光社
製 本 所	日宝綜合製本㈱

ISBN978－4－87903－192－1　C0021　￥1600E